A MENTE SILENCIOSA

WHITE EAGLE

A MENTE SILENCIOSA

Tradução
EIDI B. CARDOSO GOMES

EDITORA PENSAMENTO
SÃO PAULO

Título do original:
The Quiet Mind

Copyright © 1972 The White Eagle Publishing Trust
LSBN 0 85487 009 I
Liss — Hampshire — Inglaterra

Edição	Ano
3-4-5-6-7-8-9	97-98-99

Direitos reservados
EDITORA PENSAMENTO LTDA.
Rua Dr. Mário Vicente, 374 — 04270-000 — São Paulo, SP
Fone: 272-1399

Impresso em nossas oficinas gráficas.

Sumário

Introdução 9

A Alma do Mestre é constante 15

... É benevolente, amorosa, afável 25

... É tolerante 35

... É calma, silenciosa e inabalável 43

... É resoluta no servir 55

... É sábia nas palavras e na ação 65

... É um esteio de força e de luz 73

... Não guarda ressentimentos 83

... É paciente, confia na bondade de Deus e em seu plano perfeito 95

A White Eagle Publishing Trust, que publica e divulga os ensinamentos de White Eagle, é parte de um trabalho mais amplo realizado pela White Eagle Lodge, uma igreja cristã não--confissional, fundada em 1936 para dar expressão prática àqueles ensinamentos.

Procuram-nos homens e mulheres que desejam conhecer a razão de sua vida na Terra e também aprender como servir e viver em harmonia com toda a fraternidade da vida, visível e invisível, com saúde e felicidade.

Os leitores que quiserem saber mais acerca do trabalho da White Eagle Lodge podem escrever para:

>General Secretary,
>White Eagle Lodge
>New Lands, Rake, Liss
>Hampshire GU 33 7HY

ou

dirigir-se pessoalmente à
>White Eagle Lodge,
>9 St. Mary Abbots Place
>London W 86 LS

INTRODUÇÃO

A mente silenciosa surge em resposta a muitas solicitações de uma compilação das "palavras" do White Eagle, escolhidas para nos guiar e ajudar nos problemas e experiências da vida diária.

O título deriva da própria afirmação de White Eagle, citada no livro de Grace Cooke, *Meditation:* "O segredo da força repousa na mente silenciosa..."

Uma passagem desse mesmo livro enumera as qualidades de alma reveladas na bela e perfeita personalidade do Mestre — qualidades às quais o discípulo, ele próprio, aspira em seu caminho para a auto-realização — e que fornecem a estrutura de *A mente silenciosa*. Os ensinamentos apresentam-se reunidos em grupos, organizados em torno de cada uma dessas qualidades, para ajudar-nos a nos defrontar, com coragem e sabedoria, com as provações do dia-a--dia, grandes e pequenas, que vêm para nos testar quanto a estarmos ou não vibrando nossa nota verdadeira.

A passagem em questão diz:

"Se você puder pensar em si mesmo como sendo tudo aquilo que sabe que deveria ser: constante, gentil, amoroso e afável para com cada homem, mulher e criança e para com todas as circunstâncias na vida; bondoso e tolerante em suas atitudes para com todas as condições na Terra; acima de tudo, se puder conceber a si mesmo como mantendo-se completamente calmo, sejam quais forem as condições e em todas as circunstâncias, tranquilo, porém forte — forte para ajudar os irmãos mais fracos, forte para dizer as palavras certas, para agir corretamente e, assim, tornar-se um pilar de força e luz; se puder visualizar-se enfrentando a injustiça e a crueldade com um espírito sereno, reconhecendo que todas as coisas, no tempo, colaboram para o bem e que a justiça sempre e inevitavelmente triunfa; se tiver paciência para aguardar o processo de manifestação da vontade de Deus: se puder ver-se transformando-se em tudo isso, conhecerá algo a respeito da auto--realização..."

White Eagle nos fala, não de remotas alturas, mas como alguém que trilhou esse caminho quando na Terra, através de muitas e muitas vidas. Seu testemunho tem autoridade, bem como um real e terno amor e compreensão; fala--nos freqüentemente com humor, sempre de uma forma construtiva, nunca de uma forma crítica.

Se conseguirmos segui-la por onde nos guia, cada um de nós poderá, pelo menos, encontrar força e conforto nas adversidades. Se tirarmos disso o máximo proveito, encontraremos a felicidade perfeita.

Não nos esqueçamos, porém, que não caminhamos sozinhos, pois, como White Eagle afirma, "Se o véu pudesse ser afastado, vocês certamente sentir-se-iam felizes e gratos em saber que, pelo poder e através da vontade de Deus, os irmãos espirituais estão próximos para auxiliá-los em sua ascensão. Tentem sentir o conforto de seu caloroso aperto de mão — de suas mãos sobre os seus ombros, de sua compreensão. Seu instrutor espiritual e guia conhece cada uma de suas aspirações, cada uma das dificuldades que vocês suportam. Seu guia conhece suas necessidades mais íntimas e os confortará, conduzindo-os a prados verdejantes e a águas tranqüilas. Através de seu amor, por sua crença no amor de Deus, sua crença no próprio amor, vocês podem edificar a ponte através da qual nós chegamos até vocês."

"Vejam seu Mestre como um ser muito natural, muito amoroso e simples. Quanto mais simples vocês mesmos forem, mais próximos estarão da realização da natureza do Mestre. Ele sorri para vocês e, com freqüência, seus olhos cintilam com um terno humor. Quando pensarem nele, lembrem-se dos olhos cintilantes, do terno humor e da sábia compreensão!"

"Tudo o que Deus pede de você, Seu filho, é a devoção de seu coração; Ele quer seu coração para Deus, seu coração para tudo o que é bom. Pois Deus é amor e aquele que ama conhece a Deus e faz a vontade de Deus! Para esse, todas as coisas são possíveis. Seja paciente e prossiga servindo a Deus."

A ALMA DO MESTRE
É CONSTANTE

Na mente de Deus vive a imagem do homem perfeito, Seu Filho, Cristo — você! Para Deus, você não é o filho da Terra, fraco e pecador; Deus o tem sempre em Seu pensamento como a forma perfeita, o homem-Cristo, criado à Sua própria imagem.

❖ ❖

Auxílio do alto

Se você se mantiver firme no caminho para o qual seus passos foram guiados, encontrará o tesouro da vida, um incessante fluir de ajuda, cura e felicidade. Nós, seus irmãos e guias, estamos a seu lado no caminho. Nem um único de vocês está sozinho. Você tem apenas que pedir com fé sincera, e receberá; tudo o que precisa lhe será dado.

※ ※

Ação em Deus

Amar é viver em Deus. O amor é a atividade em Deus, de maneira que cada pensamento e ação estejam em Deus — não no mundo. Quando um homem ama, ele não mais responde às vibrações de destruição e morte, mas sim àquelas de uma vida mais abundante.

※ ※

Coração e mente em Deus

O único amparo, o grande poder de sustentação que toda a humanidade pode receber é a força que vem de Deus. Se você estiver doente no corpo, extenuado na mente, desalentado e sem esperança, afaste seus pensamentos de sua própria pessoa. Focalize seu pensamento, suas orações e seu louvor em Deus, concentre seu coração por inteiro, e seu entendimento em Deus. Nunca vacile, nunca hesite, mantenha-se firme na crença do Grande Espírito Branco; na Luz de Deus, você descobrirá que cada necessidade de sua vida será satisfeita.

Vibre sua nota verdadeira

Seja verdadeiro. Essa é a essência da vida espiritual. A nota do espírito é vibrada nos planos superiores, e os golpes que você recebe na vida diária são para testá-lo, para ver se você pode emitir sua nota verdadeira. Para soar verdadeiro, você deve sempre soar a nota de Deus, ou o bem, que está dentro de você.

Continue prosseguindo

Muitas vezes dissemos: "Continue prosseguindo." Isso significa estar atento constantemente à meta; significa um constante contato com o seu eu superior, o pôr de lado das solicitações do eu inferior e um contínuo e alegre dar-se, dar-se, dar-se a Deus, à humanidade.

Valores verdadeiros

Você primeiro é espírito e por último é corpo. Deixe seu espírito resplandecer diante dos homens para que eles possam ver o Cristo deles em você.

❖❖

Seu verdadeiro eu

A primeira e maior exigência feita a você é a exigência de Deus, ou de seu espírito; ou, em outras palavras, do seu eu superior. Seu verdadeiro eu é um espírito resplandecente. Você deve ser fiel a ele, acima de todas as coisas. Não permita que nada o desvie da busca de sua alma pela verdade, pela luz e pelo amor eterno.

❖❖

Como orar

A maneira de orar é colocar-se em completa sintonia com o espírito de amor. Esteja nele, viva nele. Pense, não em você mesmo ou em suas necessidades terrenas, mas em Deus. Por você mesmo, você não é nada: mas quando você habita no centro da Estrela, ou dessa Luz celestial, você se torna grande porque, então, está conscientemente com Deus e Deus está com você; e todas as coisas colaboram juntas para o bem, quando você está com o bem ou com Deus.

※ ※

Testes e desapontamentos

Cada alma tem de suportar grande pressão e ser bem testada. Suponha que o Mestre o chamasse para um importante trabalho que envolvesse muitas almas; e suponha que você não tivesse sido testado e posto à prova? É possível que sucumbisse sob a pressão do trabalho. Estamos lhe dizendo isso para ajudá-lo em seus esforços para prosseguir no caminho da luz, com todos os seus testes e desapontamentos.

※ ※

Uma visão mais ampla

Uma gloriosa oportunidade apresenta-se diante de cada um de vocês. As trivialidades de todos os dias, os desapontamentos e os aborrecimentos insignificantes, e as mágoas que vocês permitem que os atinjam na vida diária, são todos muito pequenos; mas vocês mesmos fazem--nos parecer muito grandes. Deixem-nos recuar, concentrem todo o seu ser no amor de Deus. Sejam Seus filhos! Submetam a vontade à Vontade divina.

❖ ❖

O doador da vida

Meus filhos, não há morte e não deve existir o cansaço da carne. Não há desgaste quando a alma entrou na completa glória do Sol, o Todo-Poderoso. Possam todo o esgotamento e cansaço ser dissipados pela inspiração do doador da Vida, o Sol!

❖ ❖

Ame ao Senhor seu Deus

Não se curve ao espírito de cobiça, às dificuldades materiais e aos problemas do mundo. Se, pelo contrário, você se voltar em adoração a Deus, com todo o seu coração, alma e mente, todas as preocupações da vida mortal serão dissolvidas porque elas não são parte de você, nem habitam o seu coração. O Cristo em você pode cuidar de maneira perfeita dessas perplexidades.

❖ ❖

Segurança

Caminhe todos os dias com a fé de uma criança, com a mão segura pela mão do Mestre. Essa é a mão da verdade; ela é segurança, ela nunca lhe falhará. O homem comum pode desapontá-lo, mas nunca o seu Mestre. E buscando-O, deixe que este pensamento o ajude: você vai encontrá-lo, você vai vê-lo e ouvir a sua voz lhe falando, quando tiver aprendido a subjugar o "não-eu", ou eu inferior, e a pensar sempre e a falar como o seu eu superior determinar.

❖ ❖

Sintonia

Sempre que você estiver cansado ou extenuado, busque a Presença do Ser Dourado, e evoque em sua alma o Seu amor, a Sua suave beleza, o Seu refrigério. Se você puder manter esse seguro e confiante contato com Deus, nada poderá ir mal em sua vida. Você não precisará preocupar-se com decisões como fazer isso ou aquilo. As decisões serão tomadas para você, mas você deve estar desperto para o espírito, elevado em espírito, para responder sem vacilar à amorosa orientação da onipotente Presença em seu íntimo.

Não se afaste da Meta

"Vigiai e orai" não são palavras ociosas. Siga a Luz quando ela irromper em seu coração; obedeça à voz do seu espírito interior, faça aquilo que você sabe que é o certo.

Repouse seu pensamento em Deus

O poder que emana quando o coração é colocado em Deus é capaz de converter o negativo em positivo, as trevas em Luz; o fluir da Luz produzirá saúde perfeita porque criará a harmonia.

Amor é luz, e luz é vida

Nunca detenha seu pensamento na doença ou na escuridão. Concentre-se na harmonia, na Luz. Centralize todo o seu pensamento no espírito de Cristo, o Senhor, Mestre amoroso e, então, o cansaço da carne deixará de existir para você porque, por seu próprio esforço interior, você estará transmutando em Luz os átomos sombrios. Se você pudesse viver sempre na Luz, não precisaria de cura vinda de fora — a própria Luz curaria você.

❋ ❋

A presença do Cristo

Em todos os momentos, acalente em seu coração a idéia da presença do Cristo. Lembre-se de Sua constante serenidade e calma em meio ao tumulto do mundo. Você, que é Seu discípulo, deve sempre procurar encontrar um estado de quietude e de brandura na multidão. É fácil estar próximo d'Ele quando se está só, mas você deve aprender a tornar-se consciente de seu Mestre a despeito da aglomeração, da multidão.

... É BENEVOLENTE, AMOROSA, AFÁVEL

Supere o egoísmo

Uma das primeiras lições ou aspirações de um irmão, uma das condições da fraternidade é a superação do egoísmo; então, as flores do espírito desabrocham e revela-se o santo. Um santo é humano, é compreensivo; um santo é capaz de perceber todos os sentimentos, alegrias e tristezas dos outros. O santo é todo amor.

❖ ❖

A fraternidade ama você

Os ministros de Deus estão a seu lado. Nenhum único detalhe de sua vida, nenhum pensamento ou ação lhes escapa. Porém, eles não julgam; eles somente amam, com profunda compaixão e grande compreensão. Lembre-se disso e ore para que um amor como o deles encha o seu coração e você possa considerar todos os homens com a mesma delicada e amorosa bondade com que os Irmãos da Luz vêem você.

※ ※

Não transigir

Se a ação de um outro o irrita e você se encoleriza diante do senso de injustiça, não tente atacar, mesmo em seus pensamentos, aquele que parece tê-lo ofendido. Não dedicou você seu coração ao Mestre de Amor? Não pode haver transigência; seu caminho lhe é claramente indicado. É o caminho do amor, da bondade, da paz.

※ ※

O poder de cura do amor

O sentimento do amor real é Luz, e se pensarmos no sofrimento do mundo com compaixão, como imaginamos que Cristo pensou, poderemos irradiar uma intensa Luz que encontrará um lugar de repouso no coração dos fatigados, dos infelizes e dos enfermos, e que criará, com o tempo, uma nova vida, um novo corpo.

❖❖

Quando você está confuso

Quando você se defronta com uma dificuldade e há confusão e mal-entendido, volte-se para o seu santuário interior. Busque a Presença do Cristo amoroso, e pergunte o que Ele faria nas circunstâncias nas quais você se encontra.

❖❖

Entregue o seu problema

Entregue o seu fardo ao Senhor. Em outras palavras, desapegue-se, renda-se, entregue o seu problema. Não tente resolver a dificuldade, desfazer o nó, que fica cada vez mais apertado, à medida que você o puxa. Entregue-o. Concentre todo o seu coração nesse benevolente e amoroso Ser, o Senhor Jesus Cristo, e todos os nós serão desatados, todos os problemas resolvidos.

❖❖

Tenha fé em Deus

Ao entregar sua vontade a Deus, ao ter fé e confiança no amor de Deus, esse amor será continuamente demonstrado a você e irá manifestar-se na sua vida. Se você viver de acordo com a Lei espiritual, não ferirá nenhum ser humano e nenhum ser humano poderá feri-lo.

❖ ❖

O sábio amor

O Mestre percebe cada um de seus esforços para aperfeiçoar a natureza do amor... Ele compreende suas falhas e triunfos, e continua a derramar Seu amor sobre você. Se Ele que é tão perfeito, tão grande em espírito, se Ele pode continuar a amá-lo a despeito de tudo, será tão difícil para você dar o seu pequeno amor aos seus irmãos e a todas as coisas viventes? No entanto, há muito a aprender na lição da fraternidade. Tenha em mente que o amor separado da sabedoria não é mais amor. Você deve aprender a distinguir entre amor verdadeiro, imparcial e compassivo, e emocionalismo, que o confunde e que destrói o amor. Amar é dar o que há de mais elevado e verdadeiro em você ao seu semelhante; amar é dar a Luz de sua própria alma, a Luz Branca do Cristo. Isso é amor.

Dedique amor ao seu problema

O amor é a grande solução de todas as dificuldades, de todos os problemas, de todos os mal-entendidos. Consagre amor, pela sua atitude interna, a qualquer problema humano. Ponha de lado o raciocínio. Deixe o amor divino operar em você. Dê o amor de Deus que flui do seu eu superior, e ficará surpreso ao descobrir que os problemas serão resolvidos; cada nó será desatado.

Sinta-se confortado, esteja em paz

Sinta-se confortado. Sinta-se confortado, querido irmão; há vida eterna para todas as almas que amam a Deus, Que é amor. E onde há amor não pode haver separação. Seu bem-

-amado está ao seu lado. A morte não pode separá-los. Sinta-se confortado e esteja em paz.

❖❖

Quando há divergências...

Quando você se encontrar diante de ofensas pessoais, tente sintonizar-se com o plano mais elevado, com a Forma do Ser Dourado, entronizado no Sol resplandecente e, mantendo na mente essa visão, pense na pessoa com quem está em desarmonia, e um feixe de Luz envolverá essa pessoa, mudará a situação, harmonizando tudo. Condições tortuosas serão assim corrigidas.

❖❖

O caminho do Mestre

O homem sábio não discute. Ele permanece em silêncio e silenciosamente prossegue em seu caminho, concentrado somente em aprender a seguir os passos do Mestre.

❖❖

O irmão bondoso

Compreendam que vocês, por vocês mesmos, devem trabalhar em sua vida diária. São as suas reações aos acontecimentos do dia-a-dia e às condições da vida que realmente produzem a sintonia, a realização. Será inútil ouvir a White Eagle ou a qualquer outro instrutor se vocês mesmos não se esforçarem pelo autodomínio. O início desse trabalho é estarem atentos à voz silenciosa em seu íntimo, à Luz em vocês, Luz que gradualmente aumenta de intensidade e faz com que vocês reajam como irmãos bondosos, sejam quais forem as condições e as circunstâncias da vida.

❖ ❖

Amor, uma maravilha do coração

Amar é dar o espírito do Cristo interior, sem nenhum pensamento de recompensa. Vocês são muito inclinados a sentir que devem receber uma retribuição pelo seu amor, porém a alma deve aprender a *dar amor*. O amor é beleza interior que flui do coração, da vida.

❖ ❖

Deixe que o amor o guie

Deixe que o amor o guie. Nada há a temer, exceto o medo. O medo é inimigo do homem e o último a ser derrotado. Não tenha medo. Entregue tudo à sabedoria e ao amor contidos na Lei divina. Faça o melhor que puder. Seja leal e sincero, e amoroso em seus relacionamentos humanos. Deixe que o amor governe o seu coração e a sua vida.

❖ ❖

Seja bom consigo mesmo

Jesus disse: "Ama o teu próximo *como a ti mesmo.*" Isso são significa egoísmo; significa benevolência para consigo próprio, porque você é filho de Deus. Não se dê mais atenção do que precisa, mas cuide de você mesmo e não destrua continuamente o Deus que existe dentro de você. Dê oportunidade para que o Cristo interior se manifeste na sua vida diária. Isso é o que queremos dizer com amar a si mesmo, e foi isso o que Jesus quis dizer com as palavras: "Ama a teu próximo *como a ti mesmo.*" Ame a paz da mente, ame fazer o que é certo, ame viver de acordo com a Lei divina.

❖ ❖

A libertação vem com o perdão

Muitas vezes é difícil perdoar, meu filho, mas com o perdão o espírito é libertado, a alma, que tem estado prisioneira e talvez atada à cruz do sofrimento, não mais padece.

Na mesma proporção em que você responder ao amor e à beleza, estará fazendo aumentar a beleza na Terra; e também fará diminuir o que se encontra no outro prato da balança: as trevas e a ignorância, a amargura e o egoísmo da humanidade.

❖ ❖

O caminho do discípulo

E como, perguntarão vocês, faremos para trilhar o caminho espiritual?

Nós lhes respondemos: Falem pouco; amem muito; dêem-se por inteiro; não julguem nenhum semelhante; aspirem a tudo o que é puro e bom — e continuem prosseguindo.

... É TOLERANTE

Amar significa ver o bem

Você deve aprender a agir de tal maneira, a viver cada dia de tal maneira, que seja, naturalmente, todo o tempo, um ser de amor. Amor não é sentimentalismo. Amor é ver o bem, ver a Deus, reconhecer a Lei divina de causa e efeito operando através de toda a vida. Amar é ser tolerante com todas as pessoas, com todos os acontecimentos da vida diária; é ser paciente, atencioso, brando e amável. Todas essas qualidades estão contidas numa única palavra — amor.

❈ ❈

Veja além das aparências

Não julgue pelo que você vê na superfície, mas desenvolva a visão interior e a compreensão da causa e efeito espirituais. Então você saberá que não pode julgar ninguém.

✤ ✤

Perdoem-nos por nossas transgressões

Devemos nos lembrar do quanto nós mesmos precisamos ser perdoados, e aprender a perdoar livremente, sem julgar nenhum ser humano. Não conhecemos nenhuma alma; mas é nossa responsabilidade, nossa insuperável alegria, procurar sempre pela centelha divina em todos os homens.

✤ ✤

A magia da cura

Há sempre algo belo a ser encontrado, se você o procurar. Concentre-se na beleza e não em seu reverso. Essa atitude positiva, amorosa para com a vida e as pessoas, é parte da magia divina que nós tentamos revelar a você. Ela o está ajudando a perceber a divina Presença, ajudando-o a pôr em ação a magia divina que cura.

✤ ✤

O humano e o divino

Contenha o julgamento e o criticismo. O modo humano de agir é julgar precipitadamente as ações das outras pessoas, mas o modo divino é permanecer em silêncio e amar. Você é divino, mas também é humano, e está aqui na Terra para aprender a manifestar a sua natureza divina.

❖ ❖

Os irmãos maiores não julgam

Os Irmãos Maiores trabalham incessantemente por você e por todos os homens. Eles não se enfurecem nem julgam seus irmãos menores, porque conhecem as leis de Deus, o plano de Deus para a Sua manifestação no coração do homem. As almas jovens apressam-se em proferir sentenças contra os outros; mas os Irmãos Maiores são pacientes. Eles não esperam demais dos homens.

❖ ❖

Seja grato pelo seu karma

Não critique seus irmãos, pois isso gera desintegração em seu próprio ser, em sua própria vida. Pelo contrário, considere com amor e gratidão aqueles com os quais o seu karma o associou.

❖❖

A vida que transforma em novas todas as coisas

Deus-no-homem torna todas as coisas novas. Quando o homem conscientiza o Espírito do Cristo em seu íntimo, tudo muda para ele. Porque, então, ele começa a ver beleza em vez de fealdade, amor em vez de ódio; a conceber a saúde e não a doença. O mundo torna-se revigorado e renovado, como quando, após a chuva, você olha para fora e vê a Terra purificada e resplandecente ao Sol.

❖❖

A princesa adormecida

Com freqüência, você vê apenas a parte exterior, material e imperfeita de um homem ou de uma mulher. Se você pudesse desprender os espinhos, descobriria embaixo deles, adormecida, uma natureza amável e bela. Esforce-se sempre por descobrir a princesa que está escondida atrás de todos os espinhos. Todos possuímos a Luz em nosso íntimo; todos possuímos essa *princesa,* esse eu superior. Nós deveríamos, portanto, tratar um ao outro amorosamente, sempre buscando o melhor, e encorajando a beleza de todas as maneiras possíveis.

❖ ❖

Felicidade maior do que você sonhou

Você pode purificar seus próprios átomos físicos pelo reto pensar, pelo reto falar, pelo reto agir, pelo reto viver e por não julgar nenhum ser humano. Assim, imperceptivelmente, ocorrerá uma ampliação da sua consciência, uma felicidade com a qual você nunca sonhou; e um benevolente e amoroso poder desenvolver-se-á em seu íntimo e aplainará todas as circunstâncias tortuosas, abrindo as portas da sua prisão — exatamente como quando o anjo tocou a porta da prisão de Pedro e o libertou.

❖ ❖

O espírito amoroso

"Perdoai-nos as nossas ofensas, assim como nós perdoamos aqueles que nos têm ofendido." Essas palavras tocam-no com amor e podem ajudá-lo quando você estiver perturbado e em dificuldade. Quando as emoções ameaçam dominá-lo, simplesmente perdoe, e tudo lhe será perdoado, e Deus o abençoará, meu filho.

❈ ❈

Perdão

Você alguma vez pensou no que o perdão significa? Você, o seu próprio eu, a sua própria personalidade, necessita do seu perdão. Seu espírito é divino, mas até que a tenha transcendido, sua personalidade permanece humana e precisa do perdão do seu espírito. À medida que você perdoa, que o seu espírito perdoa a personalidade, também você aprenderá a perdoar seus semelhantes por suas falhas aparentes. Se você se acostumar a pensar em termos de amor e de perdão em todos os momentos da sua vida, a mais perfeita cura ocorrerá em você.

Na presença do Mestre

Na presença do Mestre, a ira e o ressentimento se dissolvem; você se torna pleno de paz e é envolvido pela adoração e pelo amor. Sua consciência imediatamente é elevada acima das provas e dos antagonismos da vida terrena.

❊ ❊

Respeite seu irmão

A verdadeira Luz é um suave amor que, crescendo em você, faz com que você veja o mundo com compreensão, compaixão e *respeito*. Quando você respeita a alma de seu semelhante, respeita a vida dele em todos os seus aspectos. Esse espírito amoroso, esse respeito de um pelo outro, deve manifestar-se. Pois essa é a criação da única Luz verdadeira, e essa Luz verdadeira é a Luz do amor.

❊ ❊

Seja paciente com a sua vida

Se você encontra obstáculos em seu caminho, se o seu trabalho não parece estar se desenvolvendo como você esperava, não desanime nem se desespere, mas seja grato por estar sendo preparado para uma iniciação maior. Nenhum trabalho grande ou importante jamais é realizado sem uma paciente preparação. Cada detalhe do trabalho da alma deve ser perfeitamente concluído. Por isso, seja paciente em seu trabalho, paciente com todos os acontecimentos de sua vida diária e, especialmente, seja paciente com os seus semelhantes.

... É CALMA, SILENCIOSA E INABALÁVEL

Estou a seu lado

Qualquer que seja a provação diante de você, lembre-se da Presença do Cristo, porque ela nunca o abandonará; ela lhe traz paz e coragem. *Olhe! Estou sempre a seu lado.*

❊ ❊

Deus não lhe faltará

Quando a dúvida e a incerteza os assaltarem, não façam nada. Aquietem-se, tenham paciência e esperem. Aprendam a aquietar-se, meus filhos, a ficar calmos e tranqüilos e a esperar por Deus; Deus não lhes faltará.

❊ ❊

Sob o clamor do mundo

Você anseia pela paz. Você pensa na paz como sendo boa-vontade entre irmãos, boa--vontade entre nações, como o depor das armas. Mas a paz é muito mais do que isso. Ela só pode ser compreendida e realizada no interior do seu coração. Ela repousa sob o tumulto e o ruído, sob o clamor do mundo, sob o sentimento, sob o pensamento. Ela é encontrada no profundo, no profundo silêncio e na quietude da alma. Ela é espírito: ela é Deus.

❧ ❧

O centro de paz

Ore: "Guia-me, Pai Celestial, mostra-me o caminho." Porém, de nada serve aparentar calma exterior, enquanto se é um fervilhante vulcão internamente. Você deve desenvolver a calma interior. Diariamente, busque o centro silencioso dentro de sua alma, que é a morada do espírito do Cristo.

❧ ❧

O senhor de sua morada

Você se deixa desgastar, perturbar por pequenas coisas, coisas insignificantes. Evite isso. Ore para ser o senhor da morada do seu próprio ser. Aprenda a governar sua morada com amor e verdade, sabedoria e beleza.

❖ ❖

Busque o que é superior, deixe ir-se o que é inferior

Queremos lembrar-lhe, com muito amor, que você dá muita atenção aos valores terrenos. Isso não significa que você deveria negligenciar seus deveres no mundo material, mas sugerimos que você desenvolva uma compreensão mais clara dos valores relativos às coisas espirituais e materiais, pois muito do que considera necessário e importante não é importante. Se você procurar sempre o silêncio, o sereno espírito de Cristo Senhor, descobrirá que através dessa busca poderá abrir as janelas de sua alma, e a Luz do Espírito Crístico iluminará a sua alma e a sua vida. E o que lhe parecia ser aborrecimento e ansiedade será absorvido na Luz.

❈ ❈

Dou-vos a minha paz

O Mestre é terno e amoroso. Ele conhece as suas necessidades, compreende as suas dificuldades e desapontamentos, e diz: "Venha, irmão, ultrapasse a névoa, venha a mim e eu lhe darei a paz interior pela qual você anseia..."

❈ ❈

Onde habita a paz

A paz e a cura habitam o coração de Deus. Viva no coração de Deus... aí não há temor.

❈ ❈

Relaxe os nervos tensos

Fique em paz, filho querido. Relaxe os nervos tensos... Relaxe por apenas cinco minutos e concentre-se na Presença do Senhor Cristo. Imagine que pode vê-lo em sua glória dourada. Sinta seu amor fluindo para você. Confie nele, pois o bem e somente o bem está se manifestando para você; não impeça esse fluir com a sua preocupação e ansiedade.

❖ ❖

Equilíbrio

Os irmãos da Grande Fraternidade Branca são felizes porque estão em paz e não são perturbados por acontecimentos dolorosos. Você dirá: "É correto ficar imperturbável diante das adversidades?" Sim, meu filho, porque, mantendo a paz interior e deixando a Luz brilhar firmemente em seu íntimo, você estará fazendo muito mais bem do que se ficar irritado e inclinado a discussões em face de condições desagradáveis. Conserve o seu equilíbrio; mantenha-se firme em seu caminho.

❖ ❖

Deus conhece as suas necessidades

Deus conhece cada uma das necessidades do seu corpo, da sua alma e do seu espírito. Aprenda a manter-se calmo e a aquietar-se, e faça o melhor que puder, com amor em seu coração. Se você fizer o máximo ao seu alcance, Deus fará o resto. Agora, confie no melhor de si e em Deus.

Trabalho silencioso

A resposta para o seu problema individual e para as suas preocupações é entregá-los todos a Deus. Aquiete-se interiormente, fique calmo. Não tente dirigir demais a sua vida. Acalme-se, faça o seu trabalho silenciosamente. Viva como as flores, abrindo o seu coração à Luz do Sol do amor de Deus.

Não dissipe suas energias

Aprenda a conservar a energia e a controlar o desgaste e a dissipação emocional e mental que ocorrem na vida diária. Um Mestre já aprendeu a suprema lição da conservação de energia; ele nunca desperdiçará suas energias, a força vital, a vida de Deus. Ele se disciplina a permanecer calmo e tranqüilo, a despeito das tormentas da vida.

Deus nunca tem pressa

O poder espiritual molda as condições físicas e materiais, mas nunca tem pressa. Você quer que as coisas aconteçam imediatamente, mas Deus nunca se apressa. Há toda a eternidade para trabalhar e viver e ser feliz!

❖ ❖

Aplacando a tormenta

É fácil ficar agitado e emocionalmente perturbado em contato com condições desarmoniosas, mas, à medida que a Luz do Cristo interior se torna mais forte, ela ensina o neófito a controlar a emoção, a mantê-la serena e em seu devido lugar, de modo que essa emoção possa ser usada para o serviço espiritual e não lhe seja permitido causar distúrbios à alma, tumultuando-a e fragmentando-a.

❖ ❖

A eternidade é agora

Saiba que a eternidade é agora, o futuro é agora. Não há passado, ou presente, ou futuro, como períodos de tempo separados — tudo está dentro da alma agora. É a sua reação ao *agora* que é o seu futuro. Nunca examine o futuro, antecipando alguma coisa, pois fazer isso é viver com medo. Viva com Deus hoje, e seu futuro não poderá conter nada senão alegria.

❊ ❊

Não deixe que nada o perturbe

Em sua vida diária, através de um esforço da Vontade de Deus em seu íntimo, você pode alcançar imediatamente, sob quaisquer condições, a tranqüilidade da mente. Quaisquer que sejam as condições, você pode acalmar a tempestade e conhecer a tranqüilidade. Você anseia por tornar-se consciente de uma vida livre, santificada, feliz, com saúde e alegria, na qual você possa servir e ver a Terra da Luz. Nós lhe damos algumas indicações... Em primeiro lugar, tranqüilidade de espírito. Não deixe que nada o perturbe... Quando você permite que as coisas o abalem, os delicados fios de cor e luz, ligados à sua alma e que emanam da Fonte de sua vida, emaranham-se e tornam-se dissonantes entre si — na verdade, você cruza as linhas. E, então, você se pergunta por que as coisas são tão difíceis. Não cruze as linhas. Mantenha o seu canal de contato livre, desobstruído. Fique tranqüilo e sereno. Um Mestre nunca se deixa perturbar.

❊ ❊

Viva em Deus, no tempo de Deus

Viva tranqüilamente em Deus, no tempo de Deus. Todas as manhãs, ao acordar, e todas as noites, antes de dormir, dedique um pensamento ao Grande Espírito Branco; isso é tudo. Simplesmente, sinta que Ele está em seu coração e que você é o filho desse poder de vida; que quaisquer que sejam as suas necessidades, o Grande Espírito Branco as conhece.

❊ ❊

O homem é divino

No reino da Luz os homens são serenos e possuem rostos resplandecentes, à semelhança de Deus. Cada parte do trabalho é executada perfeitamente, e o esforço de todos é consagrado para promover o bem da comunidade. Sempre, em seu eu interior e em seus momentos de silêncio, você pode elevar-se até essa vida perfeita e receber daqueles que aí vivem a inspiração para viver da mesma forma na Terra. Não dê a desculpa de que o homem é somente humano. Com toda a força da verdade que está em nós, afirmamos, sabemos que o homem é divino.

※ ※

Seu eu Crístico

Todos os dias, ao acordar, e muitas vezes durante o dia, particularmente quando se sentir extenuado e oprimido pelos afazeres da vida física, faça uma pausa e lembre-se de que é o eu inferior, a personalidade humana que está sofrendo provações e, então, compreenda que, acima de você, nos reinos invisíveis, encontra-se o eu superior, o eu Crístico. Olhe para essa forma de gloriosa cor, para essa vida radiante, e sentirá infinito poder fluindo para a sua personalidade. Você se tornará consciente, acima da sua personalidade, de um eu ilimitado, que está vivendo em Deus.

Diariamente una-se a Deus

Cultive a calma interior, sintonizando-se diariamente com Deus em oração e meditação, sempre oferecendo a Luz de seu espírito — nunca depressão, somente Luz. E trilhe paciente e humildemente o seu caminho. Dessa forma, você se tornará um recipiente do infalível poder de Deus e refletirá o amor divino.

❖ ❖

Faça uma coisa de cada vez

Quando suas tarefas lhe parecerem um tanto árduas e cansativas, lembre-se de executar uma coisa de cada vez, tranqüilamente, e deixe o restante, porque este não é o seu trabalho. Aquilo que não puder terminar, você deve devolver a Deus, e Ele o terminará por você.

❖ ❖

O infinito e eterno jardim

À sua volta, ou talvez um pouco acima de você, há um lindo jardim, o infinito e eterno Jardim do Espírito. Vindos dessa esfera de vida, com sua beleza e paz, e o amor de seus habitantes, nós nos aproximamos de você, em sua vida física, para ajudá-lo. Vimos para alçá-lo acima das limitações da dor e da tristeza, àquele verdadeiro lar, à vida celestial, da qual todos partiram e para a qual todos vocês estão voltando.

❖ ❖

Busque primeiro o reino

O homem tem de aprender a buscar primeiro o reino dos céus, o estado de paz e quietude, no nível mais elevado de que for capaz e, então, o poder celestial derramar-se-á sobre ele, renovando-o e usando-o para a salvação da humanidade.

... É RESOLUTA NO SERVIR

Cura para o mundo todo

Por trás de você, há um Poder além de sua compreensão; Deus somente espera que Seus filhos se disponham a ser um canal; Ele somente espera que você sirva, sabendo que você não é nada. Possa o canal abrir-se completamente e a Luz fluir através dele! Através de seu direcionamento mental, a Luz poderá irradiar-se e curar as nações, curar o mundo todo.

❖ ❖

O serviço do Mestre

Você pode ser convocado a qualquer momento para o serviço do Mestre; mas, como o apelo para servir não é sempre aquilo que esperava, algumas vezes você não perceberá que foi chamado e escolhido para o trabalho do Mestre.

Esteja preparado em seu coração, pois você não sabe nem o dia nem a hora em que o Mestre virá.

❖ ❖

Seja incansável

Seja incansável em seu trabalho, mas não dependa da sua própria força. Isso lhe traria limitações. Confie no Grande Espírito Branco em todas as suas necessidades e para a liberação da sua força interior. Seja destemido, seja incansável, mas não dependa de você mesmo. Confie no infinito amor e na glória do Filho, o Cristo.

❖ ❖

Mantenha a luz brilhando

Conserve acesa a Luz. Não há nada mais importante do que manter a Luz do Cristo brilhando em seu coração. Somente isso lhe dará a força de que precisa para executar os pequenos atos de serviço que o Mestre lhe solicita.

Se você trabalhar com coragem e paciência no lugar que lhe é reservado, será recompensado com a consciência cada vez maior da presença e da ajuda muito real em sua vida material, que lhe é dada por seus irmãos invisíveis.

❖ ❖

Qualquer que seja a sua tarefa...

Não importa qual seja o seu trabalho na Terra. O que conta é que você deveria realizar o seu trabalho com todo o seu coração, com toda a sua força e com todo o entendimento. Ore também pela sabedoria, para que possa trabalhar da maneira correta e, por coragem, para que você não se atemorize em seu caminho.

❖ ❖

Bom, verdadeiro, belo

Rogamos-lhe que se atenha com firmeza ao bem, ao que é verdadeiro e belo; pedimos-lhe que seja positivamente bom em sua visão da vida e que positivamente sintonize sua mente e sua alma com a influência dos mensageiros de outros mundos. Eles estão atentos a você, para responder e acreditar, e tornar-se canais de um contínuo fluir do Espírito do Cristo, para estimular e embelezar toda a vida.

❖ ❖

Eu, se for elevado...

Se você se esforça para revelar o Cristo em seu íntimo, você ajuda a elevar toda a humanidade. Você não pode fazer um esforço em direção ao céu sem que o mundo inteiro e mesmo a própria Terra se elevem. Perceba a responsabilidade que pesa sobre você, irmão! Que gloriosa oportunidade é a sua! Não permita que as sombras da Terra lhe neguem o seu direito de liberdade e felicidade, de serviço e devoção. A paz esteja com você; paz e uma grande alegria.

❖ ❖

Observe a luz

Sua contribuição pessoal para o grande plano de evolução do homem é viver constantemente no amor de Deus; é sempre estar atento à Luz e disciplinar-se a reconhecer a bondade de Deus operando através de cada um.

❖ ❖

O filho nasceu em você

Você anseia por fazer algo para ajudar os outros. Nós lhe afirmamos que o maior trabalho de todos é expandir a Luz do Cristo dentro de sua alma. Pois o Filho nasceu em você, em toda a humanidade. Sua tarefa especial, e a nossa também, é aprender como projetar essa Luz sobre a escuridão da ignorância na Terra.

※ ※

Aceite a tarefa

Cada um de vocês foi chamado. Cada alma individual tem seu próprio trabalho a realizar. Ninguém pode fazer esse trabalho pelo outro. Cada um tem de fazer o seu próprio trabalho. Portanto, dizemos-lhe: aceite-o, meu filho: aceite a tarefa colocada diante de você e ore ao Grande Espírito Branco para que você possa não falhar.

※ ※

Auxílio do alto

Você receberá ajuda ao pedir, não com a mente, mas nas profundezas de seu ser, em silêncio. Ore a Deus em seu coração por ajuda, e não precisará temer por sua capacidade de realizar o trabalho que lhe foi destinado.

❖ ❖

Pés na terra, mente no céu

Mantenha os pés na Terra, mas erga os olhos para o céu, pois a Luz do alto que jorra em você firmará seus passos e os guiará no caminho certo. Tenha confiança nessa Luz divina. Entregue-se, com a mente serena e o coração cheio de amor, a essa infinita sabedoria.

❖ ❖

Nunca force os resultados

Nunca tente forçar seu caminho ou criar condições à força. Simplesmente espere, e você conservará toda a força que lhe é necessária para realizar seu trabalho no momento oportuno.

❖ ❖

Crucificação

Poderá servir-lhe de consolo saber que cada um de vocês que passa por uma experiência envolvendo dor e angústia, e que poderia ser descrita como uma crucificação, está fazendo alguma coisa pelo mundo inteiro; pois qualquer ser humano que recebe tais provações da alma, com o mesmo espírito resoluto e sereno (ainda que em pequeno grau) com que o fez o Mestre Jesus, está ajudando a elevar as vibrações de toda a Terra.

※ ※

Coração pleno de amor

Para servir adequadamente, a alma deve fazer sacrifícios. Deve haver o sacrifício do desejo e do eu. Seu Mestre demonstrou isso, sacrificando até mesmo a própria vida. Não há serviço verdadeiro sem sacrifício. Vocês podem se esquivar dele, irmãos, mas não podem alterar a lei da vida. Porém, quando o amor se apodera do seu coração, todo o serviço, todo o dar-se trazem tanta alegria que não existe o sacrifício.

※ ※

Lado a lado com Deus

Qualquer que seja a sua ocupação, enquanto no corpo físico, lembre-se de que ela é uma forma de serviço. Por mais humilde ou mesmo enfadonho que seu trabalho possa ser para você, ele é a *sua* tarefa especial; através do seu trabalho na Terra, você pode contribuir para a felicidade de todos. Trabalhe de mãos dadas com Deus e agradeça pelas oportunidades de servir colocadas diante de você.

※ ※

O maior serviço

Uma alma pode ajudar o mundo todo. Você diz: "Quero fazer alguma coisa. Use-me, aqui estou eu!" Porém, meu filho, você não precisa vir a nós com sua oferta de serviço. Ele está aí, a seu lado, esperando em seu próprio coração todos os dias. O maior serviço que alguém pode prestar é pensar continuamente de forma correta — continuamente irradiar amor, perdoar.

※ ※

Passo a passo

Não se apresse nos assuntos espirituais. Prossiga passo a passo, com segurança. Quando chegar o momento certo, ser-lhe-á dada a oportunidade de realizar o trabalho que o Mestre planejou para você.

❈ ❈

As flores desabrocham lentamente

Esforcem-se para captar uma visão do Mestre sobre as cabeças na multidão, a ouvir a sua voz no coração, guiando-os suavemente na realização do trabalho que vocês têm de fazer, com coragem e em paz. E, assim, meus irmãos, vocês não serão privados de alegria ou esperança. Se as coisas não se realizarem como vocês esperam, saibam que uma maneira melhor está sendo encontrada. Confiem e nunca se esqueçam que o melhor caminho é o caminho do amor. As flores não forçam seu curso com uma grande luta. As flores se abrem à perfeição, lentamente, ao Sol.

❈ ❈

... É SÁBIA NAS PALAVRAS E NA AÇÃO

A sabedoria desperta

A sabedoria desperta naquele que é calmo e tranqüilo em espírito, naquele que espera em Deus. Através de um amor cada vez maior no coração, você se tornará sábio.

❖ ❖

A fonte de verdade

Seu espírito é parte de Deus e todo o conhecimento está dentro de você. Se, em sua meditação, você se voltar profundamente para o seu íntimo, encontrará o centro de verdade e dos infinitos poderes que aguardam ser utilizados pelos homens. Você tocará a fonte de toda a felicidade e saúde.

❖ ❖

Intuição

O caminho para a verdade é o espírito. No mundo exterior, estão o tumulto, o caos e a infelicidade. Você *pensa* com a mente mortal, com a mente que é parte da substância da Terra. Porém, deveria pensar com a sua mente interior; você deveria abordar os problemas através do seu eu superior, através da intuição. A própria palavra expressa o seu significado. In-tuição — instruir-se, aprender dentro de você. Você busca ajuda fora, mas, o tempo todo, a ajuda que você quer está dentro. O reino do espírito, do qual tantos de vocês falam e no qual crêem e anseiam por alcançar, está dentro.

❖ ❖

Veja o bem

Em sua busca da verdade, você deve projetar constantemente pensamentos de boa-vontade, fraternidade e amor. Veja sempre o bem, ainda que o bem pareça infinitesimal em comparação com outras coisas. Deixe seus pensamentos de amor e boa-vontade se irradiarem. Você não pode saber quanto bem fará, permitindo que sua mente superior governe a sua vida.

※ ※

Tenha coragem

Trabalhe com a Luz, sempre, e com a consciência de que, quando irradia a Luz, está ajudando a despertar e a estimular a Luz em todos os seus semelhantes. Não olhe para baixo ou para trás, nem se deixe abater por pequenas coisas sem valor que poderiam confundir e perturbar seu espírito. Olhe para frente, para a Luz, e saiba que Deus está realizando o Seu propósito e que todas as coisas trabalham para o bem dos homens que amam a Deus.

※ ※

Você encontrará a solução

A Mente divina está sempre buscando o bem no todo. Por isso, em todos os seus problemas terrenos, não procure uma solução puramente pessoal, mas sim os princípios subjacentes. Se puder situar o seu problema em relação a um princípio ou, em outras palavras, se puder colocá-lo junto ao pensamento do Mestre, você sempre encontrará uma solução verdadeira para ele.

❖ ❖

O poder do pensamento

Um discípulo do Mestre deve obter certo controle sobre os seus pensamentos. Sugerimos que você comece por tomar as rédeas e estabelecer o controle sobre os detalhes da vida diária. Não permita que o seu corpo faça exatamente o que ele deseja, nem tampouco o seu cérebro. Afirme seu poder de comando sobre corpo e mente. Essa disciplina se ampliará, tornando-se um hábito.

❖ ❖

Perspectiva

Se quiser ter uma visão clara de qualquer circunstância na vida, não tente ver as coisas muito perto de seus olhos! Veja-as do ponto mais alto, do plano do espírito, e ficará surpreso ao constatar quão diferentes seus problemas lhe parecerão.

❖ ❖

"Pense Deus"

Resista ao pessimismo e ao pensamento negativo, tanto em sua vida particular como na vida comunitária. Pense somente no bem. "Pense Deus." Qualquer que seja a sua dificuldade, coloque Deus e pensamentos de Deus no lugar dessa dificuldade. Pense em coisas divinas. Ainda que ele não demonstre estar fazendo isso, veja o seu semelhante esforçando-se para encontrar Deus. Veja o mundo evoluindo e tornando-se mais espiritual.

❖❖

Faça o melhor que puder

Dê o melhor de si, mesmo que aparentemente cometa erros — como *você* pode julgar se eles são mesmo erros? Você pode somente obedecer ao impulso superior que o inclina a contribuir com o que de melhor possui para o serviço da fraternidade de homens e de anjos. Dessa forma, você será um canal cada vez mais perfeito para a Luz do Mestre.

❖❖

Quando em dúvida, não faça nada

Quando tiver uma dúvida, pare e espere. Quando a dúvida não mais persistir, prossiga com coragem. Enquanto as névoas o envolverem, fique quieto; nada faça até que a Luz do Sol se derrame através da névoa e a dissipe — como ela com certeza fará. Então, aja com coragem.

❖ ❖

Nem sempre você pode escolher

Nem sempre você pode escolher o seu caminho. Você se encontra diante do seu Mestre, aguardando as suas ordens. Entretanto, às vezes você se impacienta; exige e espera ação imediata, em vez de confiar no seu Pai Celestial em Seus ministros; em vez de confiar naqueles a cujos cuidados Ele o entregou para ajudá-lo, guiá-lo e guardá-lo em todos os seus caminhos.

❖ ❖

Aquiete-se

Tenha confiança nesse Amor divino que o envolve. Você nada tem a temer. Se não souber que caminho tomar, fique onde está. Apenas aquiete-se e permaneça calmo, e perceberá quão extraordinariamente tudo se realizará. Muita confusão é criada pela ansiedade de se atingir uma meta. Você apenas se confunde tentando e, então, tem de refazer os seus passos. Aquiete-se e confie em Deus.

※ ※

Espere pela orientação

Tudo acontece no momento certo, no tempo perfeito do Senhor. Você, na Terra, nem sempre sabe quando é esse momento; mas, se obedecer à orientação do espírito, esperando pacientemente por uma clara indicação para a ação, será guiado corretamente.

※ ※

Seja feita a Vossa vontade

Em vez de insistir no seu próprio caminho, esteja preparado para ceder humildemente e dizer: "Senhor, mostrai-me o *Vosso* caminho, eu confio em Vós. Conduzi-me de acordo com a Vossa vontade, pois somente Vós sois sábio,

Vosso amor está além da minha compreensão humana." E, então, seu caminho tornar-se-á claro.

❖ ❖

Deus pode solucionar os seus problemas

Algumas vezes você se defronta com um problema que parece completamente insolúvel pela mente ou, de fato, por quaisquer meios materiais. Nessas ocasiões, renda-se, com verdadeira humildade, ao Grande Espírito Branco. Entregue-se nas mãos do Espírito; saiba que, onde o homem falha, o poder de Deus nunca vacilará.

... É UM ESTEIO DE FORÇA E DE LUZ

O vitorioso

O homem é espírito — isso é tudo o que o homem precisa saber. E o espírito triunfa sobre a matéria.

❖ ❖

Liberte-se dos grilhões

O Grande Espírito Branco, o Ser Dourado, a Fonte de toda a vida, não deixará de elevá-los, se vocês o permitirem. Vocês se mantêm escravizados, aprisionados! Lancem fora os grilhões dessa escuridão terrena e vejam-se como verdadeiramente são, filhos da resplandecente, dourada Luz do Sol.

❖ ❖

Eleve-se para o Sol

Por mais difícil que seja o seu caminho, meu filho, busque todos os dias a glória da vida de Deus. Eleve-se em sua mente superior, no que o mundo chama de sua imaginação. Eleve-se para a gloriosa Luz do Sol espiritual e saiba que essa Luz é a força regeneradora que fluirá através de você, fazendo com que as enfermidades desapareçam de seu corpo e que os caminhos tortuosos se tornem retos.

❖ ❖

Cristo é rei

Você é um portador da Luz, pois você é como a Mãe Divina, que carrega dentro de si a Luz do Filho. Irradie essa Luz para o mundo, para abençoar e curar, e elevar as vibrações da Terra inteira.

❖ ❖

Seu eu superior

Quando a aspiração de tornar-se uma natureza Crística se fortalece no coração, ela produz uma abertura na consciência para que o eu superior desça ao corpo físico. Você pensa que o seu corpo físico é você, mas ele é somente uma parte infinitesimal de você. Para contatar seu verdadeiro eu, recolha-se em silêncio e comungue com o Criador, em seu coração. Assim, você se elevará em consciência. Ao erguer-se até essa grande Luz, você perceberá o homem divino — você próprio, sua própria divindade, o verdadeiro você. Ao abrir sua consciência a esse divino eu, todas as suas vibrações serão vivificadas e seu corpo será purificado.

❖ ❖

A presença mágica

Seu Cristo interior é Rei... Cada partícula, cada célula de seu corpo depende do divino poder e glória. Conscientize a divina e mágica presença dentro de você. A Luz sobrepuja toda a escuridão.

❖ ❖

Olhe para a estrela

Quando as sombras o envolverem ou você sentir que elas estão próximas, lembre-se de olhar para cima e visualizar a fulgurante Estrela acima de você, nas esferas espirituais; sinta a sua força, a sua constância, o seu brilho derramando-se em seu coração. Prossiga confiante e com plena consciência da Luz dessa Estrela que brilha sobre você.

※ ※

Caminhe na terra como um filho da luz

Você é espírito, você é imortal, você é um ser radiante, um filho de Deus! Viva em seu espírito e não permita que nada o embarace ou limite.

※ ※

Acima das nuvens

É fácil ficar alegre quando há motivos de alegria, mas não tão fácil quando a Terra está envolta em trevas — nesses momentos seu teste se inicia. É fácil ser afável quando todos são afáveis, amoroso quando os outros são amorosos. Porém, pouco mérito há nisso. O irmão sábio sabe que a Luz brilha nos céus, mesmo quando as sombras estão densas. Assim, quando elevar sua consciência acima das nuvens, você saberá que o Sol está brilhando e que a vida do Cristo é a única vida duradoura.

※ ※

Seus irmãos o observam

Não se deixe iludir pelos atrativos do materialismo ou pelas tristezas e ansiedades que o seu karma produz. Tenha coragem, pois tantos dependem de você, de seus pensamentos, de sua atitude. Seus semelhantes o observam e, inconscientemente, reconhecem em você uma Luz. Eles sabem que você possui algo que é útil e bom. Conserve a Luz brilhando em seu coração e na mente, e lembre-se do grande privilégio que lhe foi dado de ajudar a guiar o homem em sua evolução e elevação, a guiá-lo para a gloriosa Estrela da Manhã.

※ ※

Irradie luz

O que queremos dizer com irradiar a Luz? Expresse o amor que você sente em seu coração e ele se irradiará como uma Luz. Se você pudesse ver a si mesmo quando está sinceramente irradiando Luz, perceberia um grande brilho fluindo de seu coração — de sua cabeça, em muitos casos. Sua aura mostrar-se-ia resplandecente. Você poderia ver nesses raios um poder ilimitado de penetração; veria a Luz fluir de você, tocando o coração, a consciência, e até mesmo a vida física de seus semelhantes.

❖ ❖

A proteção de Deus

Quando sinceramente irradia pensamentos de amor e de Luz, você se cerca de Luz — como você dá, assim recebe. A Luz que se irradia de seu coração não só dissipa os pensamentos materiais e errôneos de outras pessoas; ela também cria um escudo protetor à sua volta. É esse o significado das palavras: "Vesti-vos da armadura de Deus."

❖ ❖

Deus é misericordioso

O karma de uma pessoa pode ser transmutado pelo poder do Cristo. Com quanta freqüência nós ouvimos a frase: "Este é o meu karma e eu devo aceitá-lo." É verdade que você deve aceitar a Lei divina, mas a Lei divina é misericordiosa, e o amor do Cristo, ao florescer em seu coração, pode libertar sua alma do cativeiro.

❊ ❊

A cura que emana do sol

Basicamente, toda cura é o afluxo ao corpo do Sol eterno, da Luz. Se você puder invocar essa Luz, respirar nela, viver conscientemente nessa Luz, ela realmente controlará as células do corpo físico. O corpo é tão denso e a vida material tão resistente que você tende a esquecer que Deus tem o poder de recriar, de regenerar os tecidos, de recriar as células vivas de seu corpo.

❊ ❊

Quando as sombras o invadem

Como um servidor do Cristo, você nunca deve sentir-se desencorajado. É uma tentação ceder a esse estado de espírito, pois as sombras se adensam à sua volta e o tentam ao desânimo, à falta de confiança. Elas o induzem a afirmar: "Não sirvo para nada" — e a criar o que você chama de complexo de inferioridade. Nunca duvide de que o poder de Deus pode manifestar-se, pode operar através de você. Sentir-se inútil é duvidar do poder de Deus.

※ ※

Veja o melhor

Não se desespere; não se detenha no lado negativo de qualquer situação, pois, se fizer isso, você não estará servindo. Coloque sempre em ação as forças construtivas. Acredite que o bem irá manifestar-se, que o melhor está se manifestando e isso ocorrerá. Nós nunca o desampararemos. Também somos filhos de Deus e Seus instrumentos. Nós nunca o abandonaremos, querido irmão.

※ ※

O sopro da vida

Relaxe a mente e o corpo e respire lenta e profundamente. Ao inspirar, tente imaginar que está preenchendo cada partícula do seu ser com Deus, com o alento de Deus. À medida que esse amor ocupar o seu coração e a sua mente, cada átomo, cada célula do seu corpo tornar-se-ão plenos de vida perfeita.

❖ ❖

A única realidade

Agora, seja feliz, pleno de alegria e aspire à Luz. Viva e mova o seu ser nessa dourada e eterna Luz e saiba que nada poderá feri-lo. A única realidade é a Luz, é Deus, é o Amor.

... NÃO GUARDA RESSENTIMENTOS

Bem-aventurados os humildes

Confie em Deus e tenha fé. Se perceber que tem sido rebelde, peça perdão humildemente e, então, passe a ser afável e amoroso. Lembre-se de que essa é a única escolha que o homem tem pelo livre-arbítrio — não quanto a ele seguir esse ou aquele caminho, mas quanto a ele, por um lado, aceitar suas experiências com real amor e humildade, ou, por outro, quanto a ele se rebelar, deixando-se tomar pela ira — ou terá emoções negativas. Busque transformar-se no homem-Cristo.

❖ ❖

Como transmudar o seu karma

Nós estamos com você para ajudá-lo. Um pensamento de sua parte, uma oração, uma esperança, e os seus irmãos sabem e estão com você; mas nós não podemos tirar-lhe o livre-arbítrio, nem roubá-lo de sua experiência; não podemos libertá-lo de suas dívidas kármicas. Você deve aceitar o pagamento dessas dívidas, nas quais incorreu, e entregar-se amorosamente ao infinito amor de Deus. Nós lhe asseguramos que o seu karma pode ser mitigado pelo amor do Senhor Cristo. Você pode vivenciar suas lições com alegria. Essa é a maneira de transmudar o karma. Quando tiver aprendido a lição que foi atribuída ao seu karma, este se dissolverá; ele não mais existirá.

❉ ❉

Em momentos de tensão e dificuldade

Em momentos de tensão e dificuldade, poderá confortá-lo saber que todo o sofrimento e tudo o que você suporta, toda a autodisciplina que constrói, são muito valiosos; eles não são vãos, pois o estão conduzindo para diante, elevando-o para a vida gloriosa, feliz, perfeita. Avance bravamente, corajosamente, e com esperança, em sua vida, com a consciência de que você foi colocado numa situação à qual está preso por seu karma passado. Suas oportunidades presentes deveriam ser aceitas com gratidão. Sempre espere em Deus, e o caminho lhe será mostrado em seu íntimo. Estamos com você, velando por você. Somos todos uma única Fraternidade, estamos todos juntos.

❋ ❋

Seja paciente, tenha fé

Nós conhecemos, amado filho, os sofrimentos e as dificuldades da vida material, vivida em um corpo físico até agora, não desperto para a beleza dos planos de Deus. Sabemos quão difícil é seguir por um caminho obscurecido. Você tem de caminhar às cegas, aceitar as condições nas quais se encontra, confiando no amor do Grande Espírito Branco. Isso não é fácil, sabemos, mas tenha paciência e fé. Nunca duvide de que tudo coopera com o bem; nunca duvide do poder, da sabedoria e do amor de Deus.

❖❖

A lei é justa, perfeita e verdadeira

Você não precisa tentar defender os seus "direitos". Compreenda que Deus concilia as coisas através de uma lei perfeita, e a paz voltará ao seu coração. Não fique perturbado quando as coisas estão difíceis — fique tranqüilo.

❖❖

Aceite, com amor

Nós o aconselhamos a amar não só os seus semelhantes, mas também as condições da sua própria vida. Não guarde ressentimentos. Nada acontece desordenadamente ou por acaso; a grande Lei produz em sua vida as condições exatas de que você necessita para evoluir. Portanto, aceite com amor tudo o que acontece. Procure pela lição a ser aprendida com a experiência. Eleve os olhos para Deus diariamente, em todos os momentos, e sinta-se envolvido pela Luz e Amor divinos. Eles se derramam como um raio dourado em seu coração e no centro da cabeça, purificando-o, curando-o, elevando-o espiritualmente, serenando-o e dando-lhe autocontrole.

❖ ❖

Tenha uma visão ampla

Há muitas coisas no relacionamento humano que você não pode compreender; freqüentemente, terá de suportar o que parece ser injustiça. Mas os seres do mundo espiritual, que têm uma visão mais ampla, podem lhe afirmar que todas as condições negativas serão harmonizadas e toda a injustiça será corrigida.

❖ ❖

A vontade de Deus

Não se deixe desencorajar. Aprenda a não ficar desapontado com coisa alguma nem com ninguém. Você se desaponta porque a sua vontade, o seu desejo foram frustrados. Aprenda a submeter-se à Vontade Divina, pois a Sua Vontade é onisciente. Espere portanto pelas *Suas* escolhas, e aprenda a trilhar sábia e serenamente o caminho.

❖❖

Aceitação

É natural para o eu inferior ressentir-se com a dor e o sofrimento; mas quando você for capaz de se entregar a Deus, de maneira que seu coração transborde de amor e de aceitação da sabedoria do plano divino, você poderá conseguir um real progresso e uma profunda paz, que está além do poder do mundo oferecer-lhe.

❖❖

Deus nunca falha

Deus nunca falha com Seus filhos. Não lute para que as coisas aconteçam de acordo com os seus desejos; ou para que as circunstâncias se adaptem à sua vontade humana. Pelo contrário, tenha fé em que Deus o está guiando no caminho da suprema felicidade.

❖❖

Quando você estiver pronto

Aprenda a curvar-se à vontade de Deus, lembrando-se de que há um tempo do Senhor. Deus é infinitamente mais sábio que Seus filhos e o Seu plano é perfeito; Seu propósito para a vida do homem é o crescimento e a evolução espiritual. Quando você estiver pronto, aquilo que está preparado para você será colocado à sua frente.

❖ ❖

Espere pacientemente

Aquiete-se, irmão, aquiete-se e espere que o instrutor lhe indique o caminho. Você não poderá cometer erros se tomar essa atitude, porém seria catastrófico arrojar-se, porque você certamente se chocaria com um obstáculo que lhe seria doloroso. Essa é a causa do sofrimento do homem. Até que aprenda a esperar pacientemente no Senhor, ele sofrerá.

❖ ❖

Deus fará manifestar-se algo mais belo

Se lhe for exigido que desista de certas coisas, se Deus tomar-lhe essas coisas, você terá de aprender a resignar-se ao Seu grande amor; aprender a ficar em paz em seu íntimo, sabendo que Deus trará algo mais belo ainda para a sua vida.

❖ ❖

Vossa vontade, ó Senhor

Deus mantém o plano, querido irmão, Deus sempre mantém o plano e, assim, quando as coisas não correm de acordo com a sua vontade, lembre-se, não se exaspere, simplesmente aceite. Isso não significa negligenciar suas responsabilidades. Quer dizer que, quando você já tiver feito tudo o que estava ao seu alcance, segundo as suas possibilidades, o resto está nas mãos de Deus. Silencie sua natureza mortal e deixe que Deus manifeste a Sua vontade.

❖ ❖

Oração

Geralmente, as pessoas somente oram por aquilo que querem, por alguma coisa para si mesmas. "Ó Deus, dai-me, dai-me, dai-me! Dai-me saúde, dai-me felicidade, dai-me o que me é necessário, dai-me tudo o que eu quero, amado Deus, e eu vos darei o que quiserdes" — em vez de dizerem: "Querido Pai, amado Cristo, entrego minha vida a Vós; Faça-se comigo segundo a Vossa vontade."

※ ※

Muito bem, irmão...

Dor e sofrimento muitas vezes sobrevêm porque você se apega a uma condição da qual obviamente deveria afastar-se. Mas, uma vez que você tenha se mostrado pronto a renunciar, receberá novas oportunidades e maiores bênçãos. Podemos dizer que a mão do Mestre pousa, então, sobre a cabeça do discípulo, com as palavras: "Muito bem, irmão..."

※ ※

Alegre-se com o seu karma

Karma, meu filho, é, na verdade, lições não aprendidas. Essas lições têm de ser encaradas com serenidade. Alegre-se com o seu karma. Agradeça a Deus pelas oportunidades que lhe são apresentadas de aprender essas lições e transformar o seu karma, pois esses são passos através dos quais você ascende à Grande Fraternidade Branca.

❖ ❖

Você anseia pela luz

Você ora sinceramente para que seus problemas sejam resolvidos; você anseia pela Luz e pelo maravilhoso êxtase espiritual. Porém, não percebe que somente passando pela disciplina desses acontecimentos exteriores é que os seus olhos são abertos, e a sua sensibilidade à verdade celestial é intensificada? Você não pode sentir e ver até que tenha passado por esse processo de disciplina. Portanto, agradeça a Deus pelas provas e pelo sofrimento que disciplinam a sua alma até esta se tornar apta a compreender e a absorver a beleza da vida celestial.

❖ ❖

Renúncia

A alma, ao tornar-se forte, a alma na qual a chama brilha radiante, encarará toda a renúncia filosoficamente, tranqüilamente, alegremente. Pois essa sábia alma percebe que aquilo que se perdeu serviu ao seu propósito, e algo melhor agora a espera, embora ela não possa saber se no plano espiritual ou material. Aprenda a enfrentar a cruz com serenidade, com a certeza de que das cinzas do passado uma nova vida emergiu.

... É PACIENTE, CONFIA NA BONDADE DE DEUS E EM SEU PLANO PERFEITO

Esteja pronto

Esteja pronto, em todos os momentos, para aceitar a vontade de Deus, para aceitar o caminho que se apresenta diante de você. Sabendo que não há nenhum outro, humildemente siga por esse caminho e confie no grande e glorioso Espírito.

❖ ❖

Entregue o resto a Deus

A Lei opera sem falhas; portanto, tendo feito o melhor que puder, entregue o resto à misericórdia, à sabedoria e ao amor de Deus. Nunca pense que *você* sabe o que é bom para você. Somente Deus o sabe, e Ele lhe dá, de acordo com a sua necessidade. Seja humilde, seja paciente e confie!

※ ※

Confie os resultados a Deus

Considere a vida como um grande todo. É impossível para você compreender o infinito, mas este simples fato você pode entender: uma oração, um pensamento, uma aspiração àqueles que estão no mundo celestial, nunca se perdem. Instantaneamente, você estabelece esse contato pela oração ou pela meditação, os anjos se reúnem para ajudá-lo a realizar a sua aspiração e para responder a uma oração sincera. Ela pode não ser sempre respondida da maneira que *você* quer, mas será respondida de uma maneira muito melhor, se você se dispuser a confiar os resultados de sua oração a Deus e a Seus anjos.

※ ※

O tempo aceitável do Senhor

Cada coisa acontece no momento *certo*, no tempo aceitável do Senhor. Na Terra, nem sempre você sabe qual é esse momento; mas se você obedecer à orientação do espírito, e esperar pacientemente por uma clara indicação para a ação, será guiado corretamente.

❖ ❖

Viva serenamente em Deus

Paciência significa, na verdade, confiança em Deus; significa saber que Deus o tem sob o Seu cuidado. Deus, o Grande Espírito Branco, está à sua volta e em você, e está realizando um sábio e belo propósito em sua alma. Não viva com o sentimento de que deve ganhar terreno o mais rapidamente possível para atingir um certo ponto. Apenas viva cada momento, cada hora, cada dia, tranqüilamente, sob a proteção do amor de Deus, aceitando a sua vida como ela se apresenta e fazendo uma coisa de cada vez, silenciosamente.

❖ ❖

Nunca duvide

Apenas entregue-se, e ame a Deus com todo o seu coração, com toda a sua alma e com todo o seu entendimento; nunca duvide de Sua sabedoria. E, assim, milagres ocorrerão, não só em seu corpo físico, mas em sua vida e em seu trabalho.

❖ ❖

A obra de Deus

Tudo é uma questão de submissão e entrega, de aceitar a vida com calma e serenidade. Isso não significa ausência de esforço, mas, sim, esforço de natureza correta, um contínuo esforço para deixar que a Luz do Cristo se aposse de suas emoções, de seu pensamento e de suas ações. Significa manter firme o propósito e dizer: "Só Deus é grande. Eu não sou nada. Todo o bem que se tem manifestado em minha vida é obra de Deus."

❖ ❖

Tudo é bem

Saiba, acima de qualquer dúvida, que Deus é Amor, e que todas as coisas trabalham juntas para o bem do homem que ama a Deus. Observe a Lei divina operando em sua própria vida e na vida de toda a humanidade. Procure sempre o bem, busque Deus, e perceberá que o grande amor de Deus realiza um sábio e maravilhoso propósito através da evolução humana.

❋ ❋

A bênção oculta

Por trás de cada acontecimento doloroso, por trás de cada dificuldade, está escondida uma bênção. O homem deve desenvolver a fé e a confiança em Deus e a certeza de que no momento correto, no tempo perfeito do Senhor, a magia se produzirá, o véu escuro se dissipará e o anjo radiante estará à espera. Por trás de tudo está a glória da vida de Deus — a magia divina que ilumina todos os acontecimento da vida.

❋ ❋

Guie-se pela luz de seu coração

Não pense que ignoramos seus desapontamentos e sofrimentos e os receios que o dominam. Em espírito, sabemos que você passa por provações. Sabemos que o corpo físico nem sempre é tão adequado e perfeito como poderia ser. Sabemos que as condições materiais de sua vida podem ser exaustivas. Estamos tão em sintonia com você, nosso irmão, que absorvemos os seus sentimentos. Conhecemos os problemas e as dificuldades; mas poderíamos assegurar a cada um de vocês que, se realmente se guiarem pela Luz em seu coração, tudo estará bem.

❈ ❈

Simplesmente, sorria!

Se tudo der errado, sorria! Simplesmente, deixe que as coisas aconteçam, mas mantenha os seus olhos em Deus e saiba que tudo resultará em bem. Tudo *resultará* em bem — essa é a verdade!

❈ ❈

Nem um único pardal cai em terra

Você receia a pobreza, receia que lhe falte o que é necessário para a vida? Quem os alimenta e os veste, meu irmão, minha irmã? Ninguém mais senão o Grande Espírito Branco. Ele nunca lhe faltará se você se sintonizar com a Sua vida, se se entregar ao Seu amor e à Sua sabedoria; pois Ele conhece as suas necessidades, e nunca falhará em Sua providência. Apenas você interrompe esse suprimento, por esquecer-se de que Ele é a Fonte de tudo, em cada plano do seu ser, espiritual, mental, físico.

Tudo trabalha para o bem

As coisas nem sempre se apresentam como você as preconcebeu, mas você deve sentir em seu coração que o caminho de Deus é o caminho correto. Todas as coisas colaboram para o bem do homem que ama a Deus. Isso ocorre porque esse homem se coloca em harmonia com Deus e, então, tudo se torna bem.

Busque primeiro o reino

Nada tema, nem fique ansioso por coisa alguma; entregue sua vida e seus afazeres nas mãos do Grande Espírito. Busque primeiro o Reino dos céus; busque a mesa da comunhão e seja fortalecido em seu coração para aquilo com que tiver que se defrontar. Se confiar em Deus, Seu amor fluirá através do seu ser e de todas as ocupações da sua vida e você conhecerá a paz do coração.

A sabedoria de Deus

É fácil dizer, ao olhar para trás, quando você já conhece os resultados de alguma coisa: "Como pude duvidar?" Porém, é *agora*, enquanto tudo está em processo de desenvolvimento, que você deve entregar sua confiança à Sabedoria divina que guia a sua vida. Quando você tiver experimentado, quando você tiver saboreado os frutos servidos na ceia celestial, perceberá que nada poderia ter sido alterado. Se a sua vontade fosse feita, você teria criado uma grande confusão e sofrimento para si mesmo, porém, Deus, em Sua compaixão, o protege.

Portadores da alegria

Meu filho, não se permita ser pessimista. Vocês são portadores da alegria e não devem se deixar abater ou entristecer diante do mundo; a evolução da raça prossegue continuamente e você precisa ver sempre o progresso, a beleza e o bem manifestando-se.

※ ※

A fraternidade o compreende

Nós conhecemos e compreendemos os sofrimentos e as dificuldades da sua vida mortal. E, por compreendermos, pedimos-lhe que se esforce para submeter sua vontade e seus desejos à vontade de Deus; saiba que nada acontece por acaso na vida do homem e que todos os acontecimentos obedecem a uma precisa lei espiritual. É justamente por não poder antever o caminho que o seu espírito deve percorrer que você fica extenuado pelo medo e pela ansiedade. Deus conhece as suas necessidades, e Seus servidores angélicos estão sempre ativos no plano da Terra, para abençoar e elevar a humanidade. Tudo o que eles precisam é da cooperação do amor humano.

※ ※

Nunca tenha medo

Nunca tenha medo da estrada à sua frente, pois, da mesma forma que Deus velou por você durante toda a sua vida e, a despeito de seus receios, conduziu-o através de todas as provas e sofrimentos, Ele o fará atravessar o vale mais escuro, em direção da Luz.

Resultados

Podemos falar com tanta segurança sobre os resultados de todos os seus problemas humanos porque sabemos que toda a vida da humanidade é governada por uma Lei divina, perfeita em sua manifestação. O propósito da Lei é elevar todos os homens e mulheres, toda a família humana, à consciência de Deus. Não olhe para trás, a menos que seja para dizer: "Como é belo o caminho que percorri!" Não lamente o passado. Você caminha para a frente, percorrendo o caminho da vida para encontrar a felicidade mais uma vez, agora uma felicidade real.

Agradeça

Concentre sua vida e seu coração na vida e na glória do Cristo, e não mais temerá coisa alguma. Seja grato, pois a gratidão também expulsa todo o temor. Agradeça e lembre-se de que seu Pai Celestial conhece as suas necessidades, e tudo o que você precisa lhe será dado.

❖ ❖

Felicidade

Felicidade é a consciência de Deus no coração. Felicidade é o resultado do louvor e da ação de graças, de fé, de aceitação; uma silenciosa e serena compreensão do amor de Deus. Isso traz à alma uma perfeita e indescritível felicidade. Deus é felicidade.

Leia também

OS MESTRES E A SENDA

C. W. Leadbeater

Eis um livro que, nas palavras de Annie Besant, "trata de muitas coisas que até agora têm sido estudadas e discutidas dentro de um círculo seletivamente restrito, constituído de estudantes muito versados em conhecimentos teosóficos e preparados para estudar as asserções concernentes a regiões onde eles ainda não podiam entrar pessoalmente, mas esperavam poder fazê-lo mais tarde, para então comprovar diretamente as asserções de seus maiores".

Dos novos fatos expostos pela Teosofia, um dos mais importantes é o da existência de Homens Perfeitos. Deriva logicamente dos outros grandes ensinamentos teosóficos do karma e da evolução da consciência. OS MESTRES E A SENDA mostra esses fatos, que, para alguns, podem parecer quiméricos, e para outros, luminosas e sugestivas hipóteses. Mas também indica os meios pelos quais o estudioso ardente de conhecimentos pode chegar à sua constatação. Poderá ver então que no Universo há uma perfeita democracia espiritual, regida por uma poderosa Hierarquia de verdadeiros Mestres da Sabedoria, que "suave e poderosamente ela dispõe e governa todas as coisas", e a todo homem de boa vontade é oferecida a honrosa possibilidade de com ela cooperar e desenvolver-se internamente. Tal é a revelação que nos faz o autor em seu estilo singularmente didático e acessível.

EDITORA PENSAMENTO

AOS PÉS DO MESTRE
por J. Krishnamurti (Alcione)

São palavras do famoso ocultista e teósofo C. W. Leadbeater, o "descobridor" e primeiro instrutor de infante Krishnamurti: *"Aos Pés do Mestre"* é um dos livros cuja tendência especial é ajudar as pessoas que se propõem a pôr os pés na Senda. No momento é o de maior valia para nós, por sua extrema simplicidade e porque de maneira muito especial leva o selo da aprovação do Instrutor do Mundo, cujo advento está próximo".

De tão alta opinião não participa apenas o insigne ocultista e escritor, pois esse livrinho, originalmente editado em 1908/9, foi desde logo traduzido e publicado em mais de quarenta línguas, inclusive o esperanto e o método Braille. Suas reedições não pararam até hoje, e sua circulação se emparelha com a das obras mais universalmente aceitas, como a Bíblia, por exemplo. Milhões e milhões de pessoas de todas as idades e raças se têm beneficiado de suas instruções, e o seu notável autor, então com apenas treze anos de idade, é tido hoje como um dos mais profundos, mais lidos e mais ouvidos pensadores e instrutores vivos do mundo.

Por isso *Aos Pés do Mestre* abre a série de três preciosos livrinhos que a compõem, e lhe empresta o seu significativo título.

Muitos e complexos são os problemas da vida a desafiar nossas capacidades e energias internas, e que não podem ser adequadamente equacionados e resolvidos com fórmulas específicas, uniformes e invariáveis. Exigem-nos a cuidado mental, trato flexivel, adaptabilidade, calma e fortaleza, e não uma simples, estática e empírica especialização.

Nestes três livrinhos todos poderão encontrar melhor o seu caminho para chegar à solução mais certa de seus problemas, e que há de partir do interior de cada um.

EDITORA PENSAMENTO

O PODER DO PENSAMENTO

Annie Besant

Durante muitos anos, a civilização ocidental se dedicou a aprender sempre mais a respeito do corpo físico do homem, geralmente atribuindo demasiada importância a esse aspecto do seu ser e fechando os olhos para a natureza da própria vida em si, como um todo, em detrimento do conhecimento da mente humana.

Antes do advento de psiquiatras como Freud e Jung, dava-se pouca atenção à natureza de nossos pensamentos e emoções. O conhecimento que temos à nossa disposição sobre este fenômeno absolutamente único, o *homo sapiens,* é, em sua maior parte, importado da eterna sabedoria do Oriente. É sobre os conceitos dessa escola que se baseou Annie Besant para tecer estas considerações a respeito do poder do pensamento.

Hoje, no Ocidente, a "ciência da mente" está atingindo a importância que merece e a civilização ocidental reconhece o imenso valor de se estudar o homem como uma entidade holística e de se chegar a um consenso a respeito da mente humana, num reconhecimento tácito do pioneirismo dos sábios do antigo Oriente nesse campo do conhecimento humano.

Tudo isto faz com que este estudo, originalmente publicado há algumas décadas, continue a ser vital e absolutamente oportuno para o mundo perturbado em que vivemos.

EDITORA PENSAMENTO

IOGA PARA A MENTE

Iogue William Zorn

Com uma clareza e uma simplicidade dignas dos mestres da Antigüidade, o iogue William Zorn oferece neste volume, ao leitor brasileiro, um valioso guia para o estudo das grandes verdades encerradas na literatura da Ioga. Apresenta ele aqui a essência da Raja Ioga, a ciência do controle da mente, e da Jnana Ioga, a ciência do conhecimento espiritual. Apresenta-as de maneira tal que permite ao leitor estabelecer regimes concretos, práticos para percorrer com êxito o caminho que leva à autocompreensão, à serenidade e à consecução dos ideais. Ioga Para a Mente interpreta e oferece em termos claros e práticos, os sutras mais importantes do Patanjali, bem como o essencial de Pranaiama, exercícios de concentração mental, meditações, disciplina iogue para a vida diária, Samadhi, os Upanishadas e o Bagavad Gita. O autor interpreta cada uma das grandes verdades filosóficas em termos ocidentais e traduz para a aplicação prática sua mais profunda significação, pelo que este é um livro que se recomenda particularmente a todos que tenham o espírito perturbado com concepções errôneas acerca de si mesmos e de seu lugar no mundo e queiram alcançar a plena realização de suas mais altas aspirações.

EDITORA PENSAMENTO

GESTOS DE EQUILÍBRIO

Tarthang Tulku

Lama-Chefe do Centro Tibetano
de Meditação Nyingma e do
Nyingma Institute

Desde sua primeira publicação em língua inglesa, *Gestos de Equilíbrio* tornou-se um *best-seller* entre as obras do autor e um dos livros sobre meditação mais lidos em todo o mundo, por apresentar o mais profundo estudo a respeito de uma tradição antiga traduzida em termos facilmente assimiláveis para a nossa experiência ocidental.

Guia introdutório à percepção, à autocura e à meditação, este livro discute as qualidades básicas para uma abordagem espiritual da vida, que deve ser vivida com honestidade, responsabilizando-se cada qual pelos próprios atos e abrindo o coração aos outros.

Ao ensinar, nesta obra, como viver o Budismo na vida agitada de nosso dia-a-dia, seu autor — um lama tibetano que há mais de 10 anos continua no seu trabalho pioneiro de aproximação entre Ocidente e Oriente através do que este possui de mais elevado: sua tradição filosófico-religiosa — realizou a façanha de tornar acessíveis para os ocidentais o pensamento e as práticas milenares ensinadas pela tradição budista no Tibete.

EDITORA PENSAMENTO

VIVENDO COM OS MESTRES DO HIMALAIA
Experiências Espirituais do Swami *Rama*

Vivendo com os Mestres do Himalaia recolhe as mais sedutoras e extraordinárias experiências do *Swami* Rama. Numa prosa cheia de poesia, tais experiências descrevem não somente o tipo de filosofia e o modo de ser de seus sábios, mas também a paisagem e a cultura himalaica. Nascido na Índia, em 1925, numa família de brâmanes eruditos, numa idade precoce, o *Swami* Rama fez-se ordenar monge por um grande sábio do Himalaia. Na idade adulta, empreendeu viagem de aprendizado, deslocando-se do monastério até à caverna, estudando e vivendo com inúmeros sábios, na solidão das montanhas himalaicas e nas planícies da Índia. De 1939 a 1944, ensinou Upanixades e escrituras budistas em diversas escolas e monastérios hindus. Pouco tempo depois, de 1946 a 1947 estudou misticismo tibetano. Por fim, os penosos anos de estudo das escrituras, as horas intermináveis de aperfeiçoamento das práticas de meditação, a disciplina e a investigação solitária dos estudos superiores da consciência, tudo isso culminou com a obtenção do mais alto título espiritual da Índia. Em 1949, o *Swami* Rama tornou-se Shankaracharya de Karvirpithan. No início de 1952, renunciou à dignidade e ao prestígio do elevado título, tendo, em seguida, retomado aos Himalaias para absorver os derradeiros ensinamentos do mestre e buscar inspiração para abrir-se para o Ocidente. Por 3 anos, estudou psicologia, filosofia e medicina ocidentais na Europa. Em 1970, tornou-se consultor da Fundação Menninger, em Topeka, no Kansas, desenvolvendo um projeto chamado "Controle Voluntário dos Estados Internos". *Swami* é o fundador, o presidente e o líder espiritual do *Himalayan Institute of Yoga Science and Philosophy*.

EDITORA PENSAMENTO

Editora Pensamento
Rua Dr. Mário Vicente, 374
04270 São Paulo, SP

Gráfica Pensamento
Rua Domingos Paiva, 60
03043 São Paulo, SP